La ciencia de los seres vivos

¿Qué son las redes y cadenas alimentarias?

Bobbie Kalman & Jacqueline Langille

Crabtree Publishing Company
www.crabtreebooks.com

Serie La ciencia de los seres vivos
Un libro de Bobbie Kalman

Para April y Ron Fast y Luke,
la máquina GO GO

Editora en jefe
Bobbie Kalman

Equipo de redacción
Bobbie Kalman
Jacqueline Langille

Editora ejecutiva
Lynda Hale

Editores
Greg Nickles
April Fast

**Investigación fotográfica
y de textos**
Jacqueline Langille
Tara Harte

Diseño por computadora
Lynda Hale
McVanel Communications Inc.
(diseño de la portada)

Coordinación de producción
Hannelore Sotzek

Consultora
K. Diane Eaton, Hon. B.Sc., B.A. Brock University

Fotografías
Photo Researchers, Inc.: E.R. Degginger: página 15 (pie de página, a la izquierda)
 Tom McHugh/Steinhart Aquarium: página 14
 Dr. Paul A. Zahl: página 11 (pie de página)
Tom Stack & Associates: Perry Conway: páginas 28 y 29
 David M. Dennis: página 20 (pie de página), 21 (parte superior)
 Jeff Foott: página 21 (pie de página)
 Mark Newman: página 18
Otras fotografías de Digital Vision y Digital Stock

Ilustraciones
Barbara Bedell: páginas 4, 9, 10, 22 y 23, 24 y 25, 30
Halina Below-Spada: páginas 26 y 27

Traducción
Servicios de traducción al español y de composición
 de textos suministrados por translations.com

Printed in Canada

Crabtree Publishing Company
www.crabtreebooks.com   1-800-387-7650

Library of Congress Cataloging-in-Publication Data
Kalman, Bobbie, 1947-
  [What are food chains and webs? Spanish]
  ¿Qué son las redes y cadenas alimentarias? / written by Bobbie Kalman, Jacqueline
Langille.
    p. cm. -- (La ciencia de los seres vivos)
  Includes index.
  ISBN-13: 978-0-7787-8756-3 (rlb)
  ISBN-10: 0-7787-8756-7 (rlb)
  ISBN-13: 978-0-7787-8802-7 (pbk.)
  ISBN-10: 0-7787-8802-4 (pbk.)
 1. Food chains (Ecology)--Juvenile literature. I. Langille, Jacqueline. II. Title. III. Series.
  QH541.14.K349718 2005
  577'.16--dc22   2005003813
                                                              LC

**Publicado en
los Estados Unidos**
PMB16A
350 Fifth Ave.
Suite 3308
New York, NY
10118

**Publicado
en Canadá**
616 Welland Ave.,
St. Catharines, Ontario
Canada
L2M 5V6

**Publicado en
el Reino Unido**
73 Lime Walk
Headington
Oxford
OX3 7AD
United Kingdom

**Publicado
en Australia**
386 Mt. Alexander Rd.,
Ascot Vale (Melbourne)
V1C 3032

Contenido

¿Qué son las cadenas alimentarias?

Las cadenas alimentarias comprenden plantas, **herbívoros** o animales que comen plantas, **carnívoros** o animales que comen carne, **carroñeros** o animales que comen animales muertos y **descomponedores**, que son pequeñas criaturas que descomponen los restos de plantas y animales muertos.

Todos los animales se alimentan de otros seres vivos. Algunos comen plantas y otros se alimentan de los que comen plantas. Por ejemplo, el conejo come lechuga y el lobo se come al conejo. Este modelo de comer y servir de alimento se llama cadena alimentaria. Hay innumerables **cadenas alimentarias**, y todas las plantas y animales pertenecen por lo menos a una.

herbívoro

carnívoro

carroñero

descomponedores

Conectadas

Cuando un animal de una cadena alimentaria se come a un miembro de otra, ambas cadenas se conectan. El diagrama de la derecha muestra dos cadenas alimentarias que se conectan. Tanto la ardilla listada como el ratón comen nueces y bayas. El visón y el búho pueden comerse a la ardilla un día y al ratón al día siguiente. Cuando las cadenas alimentarias se conectan, forman una red alimentaria. Las **redes alimentarias** por lo general abarcan muchas plantas y animales.

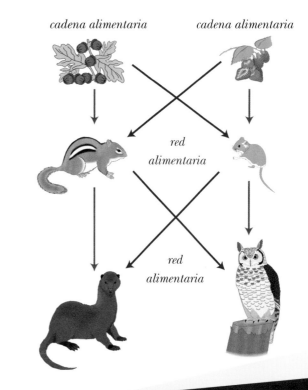

cadena alimentaria   cadena alimentaria

red alimentaria

red alimentaria

Ecosistemas

Cada **ecosistema** de la Tierra tiene muchas cadenas alimentarias. Un ecosistema comprende todas las plantas, los animales y los seres sin vida de la naturaleza, como la arena, las rocas y el suelo, de una determinada zona. Los desiertos, los bosques, los arrecifes de coral del océano y las praderas africanas llamadas **sabanas** son distintos ecosistemas. Todos los seres vivos de un ecosistema están conectados en una red alimentaria y dependen unos de otros para sobrevivir.

En una cadena alimentaria de la sabana africana, las gacelas comen los pastos y los leones cazan a las gacelas para alimentarse.

La energía de los alimentos

Todos los seres vivos necesitan alimento para vivir. El alimento brinda los **nutrientes** que las plantas y los animales necesitan para construir y reparar partes del cuerpo. El alimento también da **energía**, o fuerza. Sin energía, las plantas no pueden crecer. Los animales también usan la energía para crecer, respirar, moverse y hacer las cosas que les permiten sobrevivir. Piensa en diez formas en que usas energía todos los días.

Casi toda la energía de la Tierra viene de la luz del sol. Las plantas verdes atrapan parte de la energía solar y la convierten en alimento. Son los únicos seres vivos que pueden fabricar su propio alimento con la luz solar. Cuando un animal se come a una planta, la energía de la luz solar almacenada pasa al animal. Esta energía se transmite nuevamente en la cadena alimentaria cuando otro animal se come al primero.

Pequeñas cantidades

Al comienzo de todas las redes alimentarias hay una gran cantidad de energía, pero mucha se pierde al pasar de un ser vivo a otro. El cuerpo de un herbívoro **absorbe** sólo una pequeña cantidad de la energía almacenada en las plantas que come. Luego, el carnívoro absorbe una pequeña cantidad de la energía del cuerpo del herbívoro.

Menos seres vivos

El siguiente diagrama muestra los niveles de una red alimentaria. Hay muchas plantas en el primer nivel porque éstas obtienen de la luz solar la energía que necesitan para sobrevivir. Como parte de la energía se pierde al pasar por la red alimentaria, la cantidad de herbívoros que sobrevive es menor que la de plantas. En la punta de la pirámide sólo hay energía suficiente para mantener a unos pocos carnívoros.

Pirámide de energía

*Este diagrama muestra que debido a la pérdida de energía hay menos seres vivos en cada nivel de una red alimentaria. Se llama **pirámide de energía** porque es ancha en la base y angosta en la punta.*

carnívoros

herbívoros

plantas

7

Las plantas son productoras

Las plantas forman el primer nivel de todas las redes y cadenas alimentarias del mundo. Las plantas verdes son **productores primarios**, o sea los primeros seres que fabrican alimentos en una red o cadena alimentaria. Producen toda la energía alimentaria de un ecosistema. Los seres humanos y otros seres vivos no podrían sobrevivir sin la energía producida por las plantas.

Usar la luz para fabricar alimentos

Las plantas usan la luz solar para fabricar alimentos. Usan la energía del sol para producir distintos tipos de azúcares. Con la energía de la luz solar combinan agua con **dióxido de carbono**, que es un gas del aire. Este proceso de producción de alimento se llama **fotosíntesis**. Cuando una planta necesita energía para crecer, usa parte del azúcar como alimento.

La fotosíntesis

Para que se produzca la fotosíntesis, las plantas necesitan algo más aparte de la luz solar. Usan una sustancia verde que se encuentra en las hojas, llamada **clorofila**. La clorofila atrapa la energía del sol. Las plantas toman dióxido de carbono del aire a través de las hojas y absorben agua y nutrientes del suelo a través de las raíces.

Los árboles, el pasto, las hierbas y las enredaderas son plantas verdes. Todas ellas usan la fotosíntesis para fabricar alimento. La palabra "fotosíntesis" significa "unir con luz". La fotosíntesis generalmente se realiza en las hojas.

El aire que respiramos

El alimento es un producto importante de la fotosíntesis, pero además se producen grandes cantidades de **oxígeno**, que es otro gas del aire. Los animales necesitan el oxígeno para sobrevivir. Sin las plantas, pronto se acabaría el oxígeno del aire y los seres humanos y los animales morirían. Durante la fotosíntesis, las plantas también toman grandes cantidades de dióxido de carbono del aire. Aunque este gas es una parte natural del aire, puede ser dañino. Demasiado dióxido de carbono puede hacer que la Tierra se caliente más de lo normal y puede perjudicar a la mayoría de los seres vivos.

Fotosíntesis

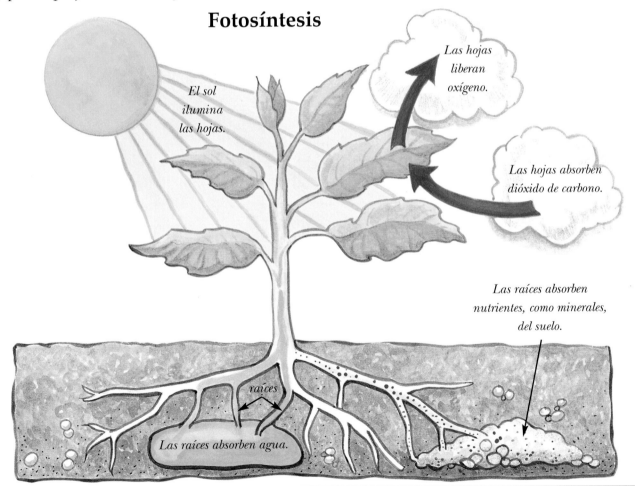

El sol ilumina las hojas.

Las hojas liberan oxígeno.

Las hojas absorben dióxido de carbono.

Las raíces absorben nutrientes, como minerales, del suelo.

raíces

Las raíces absorben agua.

Plantas acuáticas

Las plantas son una parte importante de los ecosistemas acuáticos. Una cadena alimentaria acuática comienza con pequeñas plantas flotantes llamadas **fitoplancton**. Convierten la energía solar en alimento, igual que las plantas terrestres. También dan a los peces el oxígeno que necesitan para poder sobrevivir bajo el agua.

Las algas marinas, como el kelp, son las plantas más grandes del océano. Al igual que el fitoplancton, son un tipo de **alga**. Las algas son plantas acuáticas que no tienen raíces, tallos ni hojas. Sólo crecen en aguas poco profundas, donde llega el sol.

La luz del sol no penetra mucho bajo el agua, por lo que las algas marinas crecen sólo en la superficie o en aguas poco profundas.

Productores diminutos

Las plantas del fitoplancton son tan pequeñas que los científicos necesitan **microscopios** para estudiarlas. Viven en casi todos los ecosistemas acuáticos del mundo, como lagunas, lagos, marismas y océanos. Flotan cerca de la superficie del agua porque necesitan luz solar para producir alimento y oxígeno. El oxígeno que producen va al agua y al aire. Las algas del mar producen más de la mitad del oxígeno de la Tierra.

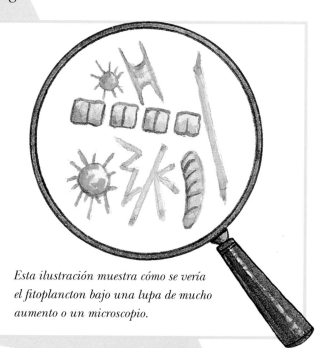

Esta ilustración muestra cómo se vería el fitoplancton bajo una lupa de mucho aumento o un microscopio.

Plantas de desierto

En algunos ecosistemas, los animales deben comer plantas para obtener agua además de alimento. Los desiertos son ecosistemas en los que llueve muy poco. Las plantas del desierto, en especial los cactos, pueden guardar bien el agua. Los tallos tienen cubiertas enceradas que impiden que el agua escape. Las espinas del tallo protegen a las plantas de los animales que se las comen. Para llegar al agua almacenada, algunos animales tienen bocas adaptadas especialmente para perforar las plantas del desierto. Otros se comen las partes de las plantas que contienen agua y tratan de evitar los pinchazos de las espinas.

Plantas carnívoras

Algunas plantas no obtienen todos los nutrientes que necesitan del suelo, de modo que **consumen** insectos. Más de 400 clases de plantas son carnívoras. Estas plantas fabrican su propio alimento con la energía del sol, pero los insectos les dan los nutrientes adicionales que necesitan para crecer más y estar más sanas.

La Sarracenia purpurea tiene hojas resbaladizas. Los insectos se resbalan por la hoja y se ahogan en el líquido del fondo. Los vellos que apuntan hacia abajo les impiden salir. La planta usa jugos especiales para descomponer a los insectos.

Herbívoros

Los herbívoros, que son los animales que comen principalmente plantas, están en el segundo nivel de todas las cadenas alimentarias. También se llaman **consumidores primarios**. Los consumidores son animales que comen para obtener energía del alimento. Los consumidores primarios son los "primeros" de la cadena alimentaria. Tanto las pequeñas ardillas que comen nueces y bayas como los enormes elefantes que comen hierba y cortezas de árbol son herbívoros.

A los herbívoros les cuesta mucho obtener energía de las plantas porque la hierba, los brotes, las hojas y las ramitas son difíciles de **digerir** o descomponer en el cuerpo. La mayoría tiene que comer muchas plantas para obtener la energía necesaria. A fin de obtener nutrientes y energía suficientes para permanecer sanos, los elefantes y las vacas deben pasar la mayor parte del tiempo comiendo. Muchos animales que comen hierba tienen dientes con un relieve especial para moler la comida y así poder digerirla más fácilmente.

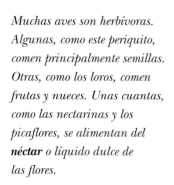

*Muchas aves son herbívoras. Algunas, como este periquito, comen principalmente semillas. Otras, como los loros, comen frutas y nueces. Unas cuantas, como las nectarinas y los picaflores, se alimentan del **néctar** o líquido dulce de las flores.*

A menudo los herbívoros tienen partes del cuerpo especializadas para obtener la comida que necesitan. El cuello largo de las jirafas les permite alcanzar las hojas verdes de las ramas más altas de las acacias.

Rumiantes

Algunos herbívoros tienen que volver a masticar la comida para descomponerla lo suficiente con el fin de que su cuerpo absorba la energía. La comida vuelve a la boca en forma de **bolo alimenticio** después de haber estado un rato en el estómago. El animal la mastica de nuevo antes de tragársela por segunda vez. Las ovejas, las vacas y los ciervos son ejemplos de animales que mastican la comida dos veces.

Algunos herbívoros comen plantas enteras. Otros comen sólo algunas partes como ser las semillas, frutas o flores. Muchas orugas comen sólo las hojas de las plantas.

Carnívoros

Los carnívoros son animales que se comen principalmente a otros animales. La mayoría se alimenta de herbívoros y por lo tanto se les llama **consumidores secundarios**. Algunos carnívoros se alimentan de otros carnívoros y se llaman **consumidores terciarios**. Otros pueden ser consumidores secundarios y terciarios al mismo tiempo. Por ejemplo, en la red alimentaria de las páginas 22 y 23, el lince se considera consumidor secundario cuando se come a un conejo, que es herbívoro. Cuando se come a una comadreja, que es otro carnívoro, se considera consumidor terciario.

*La **especie** o tipo de animal que no sirve de alimento a ningún otro de la red alimentaria se denomina **depredador mayor**. Por ejemplo, los tiburones grandes son los depredadores mayores de varias cadenas alimentarias porque ningún animal se alimenta de ellos.*

Depredadores y presa

La mayoría de los carnívoros son **depredadores**. Un depredador es un animal que caza y mata a otros animales para alimentarse. El animal que le sirve de alimento al depredador se llama **presa**. Muchos animales son depredadores, desde arañas que comen moscas hasta leones que cazan cebras. Los depredadores son muy importantes en un ecosistema. Sin ellos, la cantidad de herbívoros aumentaría hasta que ya no quedaran plantas suficientes para comer. A menudo los depredadores comen sólo animales enfermos y débiles, y dejan así más alimento para los animales sanos y sus crías.

La mantis religiosa es un insecto que mata a otros insectos, como moscas, para alimentarse.

Las plantas carnívoras, como la Sarracenia purpurea, no se pueden mover para buscar a su presa. Esperan hasta que un insecto vuele o se arrastre sobre ellas.

*Las águilas pescadoras son aves **rapaces** o de rapiña. Tienen picos ganchudos y fuertes, y **garras** curvas llamadas **talones** que les permiten cazar a su presa y desgarrar la carne.*

Cazadores y carroñeros

Cada tipo de depredador tiene una forma diferente de atrapar el alimento. Algunos, como los lobos, rastrean a su presa largas distancias. Unos cuantos, como los leones y leopardos, **acechan** o siguen de cerca a sus presas, y luego las persiguen y atrapan. Otros depredadores esperan en silencio mientras observan los movimientos que suceden a su alrededor. Cuando se acerca la presa, la atrapan. Las ranas y algunas aves cazan de esta manera.

(izquierda) Los abejarucos no consumen sólo abejas. Comen todo tipo de insectos voladores. Los atrapan en pleno vuelo.

(derecha) Algunos depredadores ponen trampas para sus presas. Muchas arañas tejen telas pegajosas y esperan que su comida vuele o camine sobre ellas.

Carroñeros

El tipo de carnívoro que se alimenta principalmente de los animales muertos que encuentra se llama carroñero. Estos animales, como los buitres, ayudan a mantener limpio el ecosistema. Suelen comerse los restos de la comida de los depredadores. Los carroñeros son integrantes importantes de la red alimentaria porque evitan que se pierda la energía del cuerpo de los animales muertos.

(derecha) En la sabana africana, los perros salvajes a menudo cazan juntos en jaurías, pero también son carroñeros.

(abajo) Los buitres esperan pacientemente cerca de un depredador a que termine de comer antes de darse un banquete con las sobras.

Omnívoros

Los **omnívoros** son animales que comen tanto plantas como animales. En la mayoría de los ecosistemas no tienen dificultades para encontrar comida porque comen casi todo lo que encuentran. Un omnívoro puede pertenecer a varios niveles de una red alimentaria al mismo tiempo, según el tipo de alimento que come. Los osos, los cerdos, los mapaches y los seres humanos son omnívoros.

*Los osos pardos comen casi cualquier cosa. Comen raíces, bayas, peces, insectos, aves, otros animales y **carroña**, o animales muertos. Esta madre y su osezno disfrutan un almuerzo de hierbas verdes y frescas.*

Oportunistas

La mayoría de los omnívoros son **oportunistas**, lo que significa que comen lo que haya disponible. Su **dieta**, es decir, el tipo de alimentos que comen, cambia según la época del año. Los osos, por ejemplo, suelen comer pescado en la primavera y bayas en el otoño. La dieta de los omnívoros también cambia según lo que encuentren cerca. Por lo general, los avestruces comen hierba, pero están listos para comerse a los lagartos que puedan encontrar entre los pastos.

(arriba) Los mapaches comen ratones, ranas, mariscos, cangrejos, gusanos, insectos, frutas, verduras y... ¡basura!

(arriba) Algunas aves omnívoras comen insectos en una época del año y semillas en otra.

(izquierda) Los seres humanos comen muchos tipos de alimento, desde frutas y verduras hasta pollo y pescado.

Descomponedores

Todos los seres vivos mueren. Si los herbívoros o carnívoros no se los comen, el cuerpo de las plantas y los animales muertos sirven de alimento a los **descomponedores**. Los descomponedores son seres vivos que obtienen energía del material muerto. Forman la **red alimentaria de detrito**. El detrito es material que se **descompone**. Las bacterias, los gusanos, las babosas, los caracoles y los hongos, como los champiñones, son descomponedores.

Los mejores recicladores

Los descomponedores reciclan nutrientes importantes y les permiten seguir circulando por las redes alimentarias. Sin los hongos y otros descomponedores, los nutrientes quedarían encerrados en las ramas, los troncos, las hojas y los animales muertos. Las plantas no podrían usarlos para crecer. Si las plantas no crecieran, no podrían sobrevivir. Sin las plantas, los demás seres vivos morirían de hambre lentamente.

En el suelo del bosque, los mixomicetos como esta Hemitrichia serpula se extienden sobre los troncos muertos y los descomponen lentamente.

Descomponer la comida

Los descomponedores son muy pequeños, así que se necesitan muchas clases de ellos para descomponer trozos grandes de material muerto. En la tierra, los animales como los caracoles, los ácaros y las lombrices consumen partes de plantas, herbívoros y carnívoros muertos para comenzar el proceso de descomposición. En el agua, los pequeños **crustáceos**, como los cangrejos, y las **larvas** de insectos forman parte importante de la red alimentaria de detrito.

El equipo de limpieza de la naturaleza

Los descomponedores obtienen la energía que necesitan del material muerto, pero también ayudan a mantener limpio el ecosistema para otros seres vivos. Sin descomponedores que se alimenten de material muerto, un ecosistema, por ejemplo un bosque, pronto estaría enterrado bajo pilas de plantas y animales muertos.

La lombriz consume hojas muertas y otros detritos del suelo.

Los caracoles son una parte importante de la red alimentaria de detrito porque su comida favorita son las hojas muertas. Las mastican y dejan pedacitos que los hongos y las bacterias pueden descomponer más fácilmente.

Una red alimentaria del bosque

Las redes y cadenas alimentarias son distintas en cada ecosistema. Por ejemplo, la red alimentaria de un ecosistema de bosque tiene muchas plantas y animales que sólo viven en bosques. Muchas redes y cadenas alimentarias también cambian con la estación del año. Una red alimentaria de verano en un bosque tiene muchos más miembros que una de invierno porque algunos animales **migran** o duermen. Estas dos páginas muestran una parte de una red alimentaria de verano. Las flechas apuntan a los seres vivos que reciben la energía de los alimentos.

(abajo) A veces una red alimentaria corriente y una red alimentaria de detrito se conectan porque algunos animales grandes se comen a los descomponedores.

Los tejones, por ejemplo, comen lombrices como parte de su dieta.

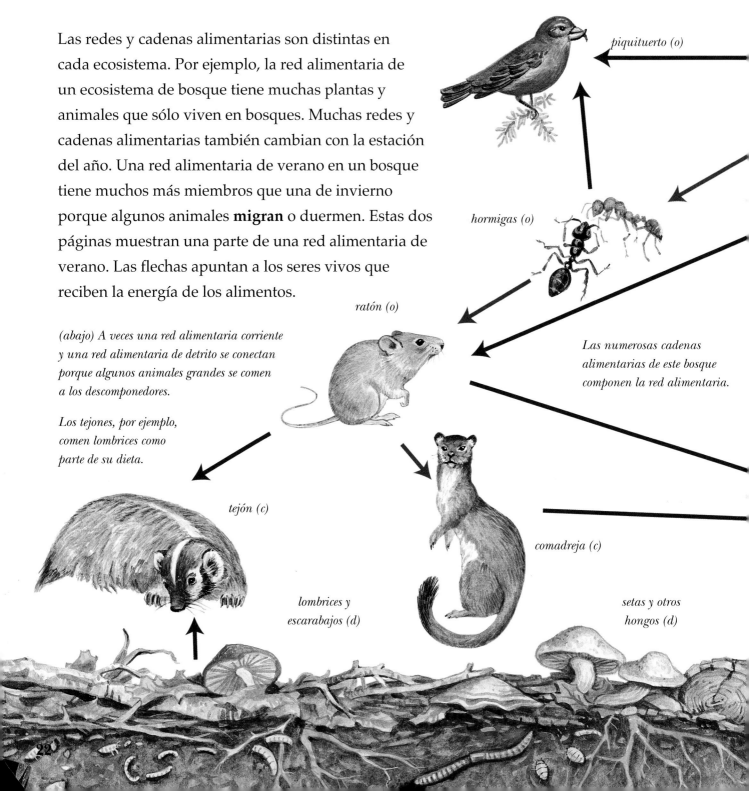

piquituerto (o)

hormigas (o)

ratón (o)

Las numerosas cadenas alimentarias de este bosque componen la red alimentaria.

tejón (c)

comadreja (c)

lombrices y escarabajos (d)

setas y otros hongos (d)

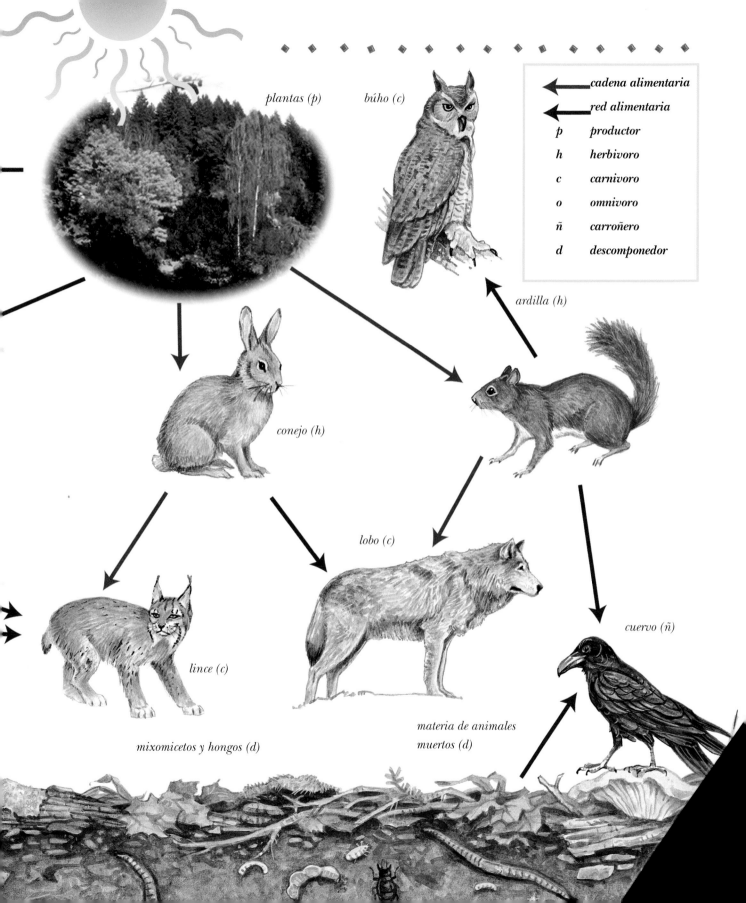

plantas (p)

búho (c)

cadena alimentaria

red alimentaria

p   productor
h   herbívoro
c   carnívoro
o   omnívoro
ñ   carroñero
d   descomponedor

ardilla (h)

conejo (h)

lobo (c)

cuervo (ñ)

lince (c)

materia de animales
muertos (d)

mixomicetos y hongos (d)

Una red en el arrecife

Los arrecifes de coral crecen en agua salada cálida, transparente y poco profunda. Están compuestos de miles de animales diminutos llamados **pólipos**. En los arrecifes de coral viven tantos tipos de criaturas que los científicos aún no han terminado de contarlas. Las redes y cadenas alimentarias de los arrecifes de coral tienen muchos miembros y conexiones. En estas páginas se ilustra un ejemplo sencillo.

¿Quién se come a quién?

El fitoplancton es el productor primario de la red alimentaria del arrecife de coral. Los animales diminutos llamados **zooplancton** son los consumidores primarios, porque comen fitoplancton. La palabra "zooplancton" significa "animales a la deriva". El zooplancton está formado por gusanos marinos, peces, cangrejos y camarones recién nacidos. Los pólipos de coral comen zooplancton, así que están en el tercer nivel de la red alimentaria del arrecife.

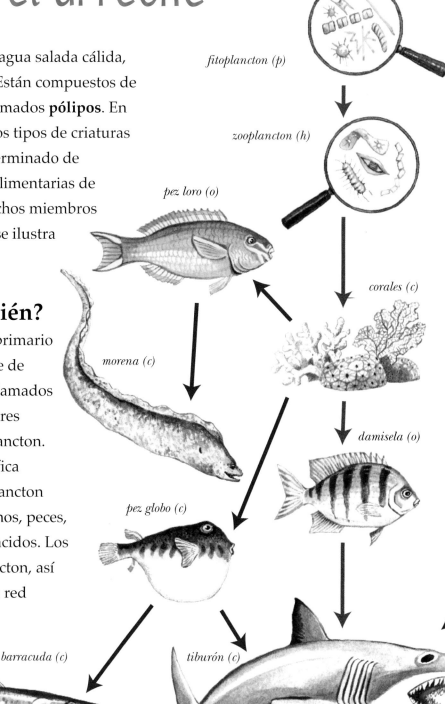

fitoplancton (p)

zooplancton (h)

pez loro (o)

corales (c)

morena (c)

damisela (o)

pez globo (c)

barracuda (c)

tiburón (c)

esponja (c)

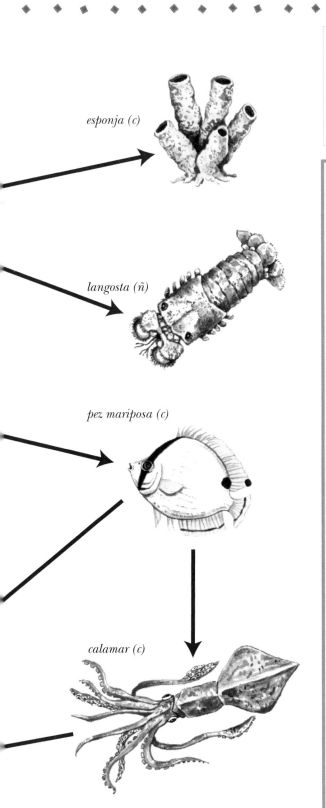

langosta (ñ)

pez mariposa (c)

calamar (c)

←	*cadena alimentaria*	←	*red alimentaria*
p	*productor*	*o*	*omnivoro*
h	*herbivoro*	*ñ*	*carroñero*
c	*carnivoro*	*d*	*descomponedor*

Ganarse la comida limpiando

Algunos animales del océano encuentran comida en el cuerpo de otros animales. Se llaman **limpiadores** porque les ayudan a los otros animales a estar limpios y sanos. Cerca de 50 especies de peces y algunos tipos de camarones son limpiadores. Comen pedacitos de alimento, algas y **parásitos** del cuerpo de peces más grandes. Los parásitos son animales diminutos que se nutren del cuerpo de otros animales más grandes, llamados **huéspedes**. A menudo hacen que los huéspedes se enfermen. Los peces grandes no se comen a los limpiadores que los ayudan a liberarse de parásitos. ¡Algunos incluso los dejan entrar a la boca!

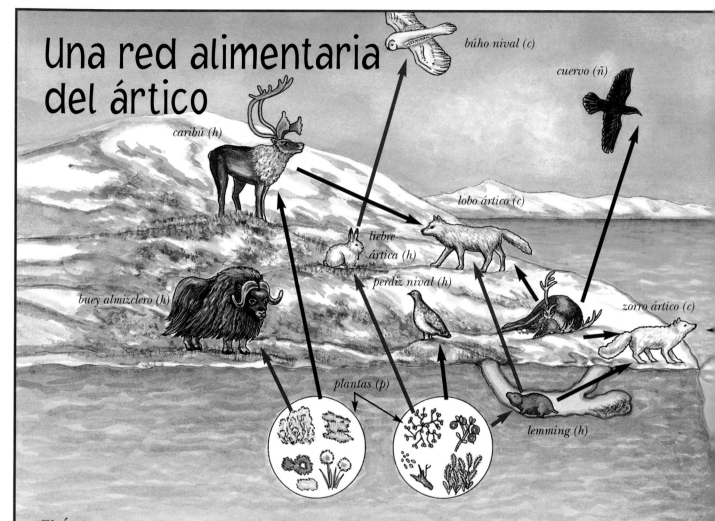

Una red alimentaria del ártico

búho nival (c)

cuervo (ñ)

caribú (h)

lobo ártico (c)

liebre ártica (h)

perdiz nival (h)

buey almizclero (h)

zorro ártico (c)

plantas (p)

lemming (h)

El Ártico es una región de tierra y agua situada en el extremo norte de la Tierra. Durante la mayor parte del año, el océano Ártico está completamente cubierto por una gruesa capa de hielo. El terreno se llama **tundra**. La tundra ártica es un ecosistema sin árboles que tiene inviernos largos y rigurosos, veranos cortos y frescos. La tierra bajo la ... la tundra se llama **permafrost** ... congelada todo el año.

En el verano, muchos animales encuentran alimento suficiente en la tundra. Los líquenes y pequeños arbustos sirven de alimento a varias especies de herbívoros. Las aves migratorias comen insectos tales como mosquitos. Otros carnívoros, como los lobos y los búhos, se alimentan de las aves y de los herbívoros. En el invierno, la mayoría de las aves y muchos herbívoros abandonan la tundra para ir al sur, a regiones más cálidas, en busca de alimento.

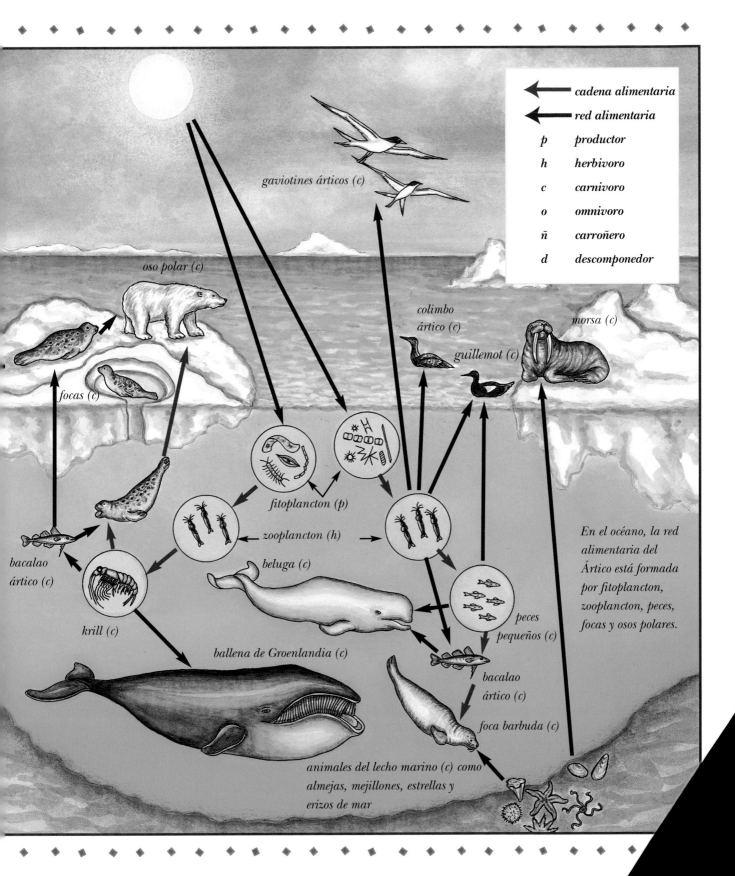

cadena alimentaria
red alimentaria
p productor
h herbívoro
c carnívoro
o omnívoro
ñ carroñero
d descomponedor

gaviotines árticos (c)

oso polar (c)

colimbo
ártico (c)

morsa (c)

guillemot (c)

focas (c)

fitoplancton (p)

zooplancton (h)

beluga (c)

bacalao
ártico (c)

krill (c)

peces
pequeños (c)

ballena de Groenlandia (c)

bacalao
ártico (c)

foca barbuda (c)

animales del lecho marino (c) como
almejas, mejillones, estrellas y
erizos de mar

En el océano, la red
alimentaria del
Ártico está formada
por fitoplancton,
zooplancton, peces,
focas y osos polares.

Una red alimentaria de la sabana

En la sabana africana crecen muchas hierbas distintas. Las cebras, las gacelas, los antílopes y los ñus, que son herbívoros, encuentran abundante alimento aquí. Otros herbívoros, como las jirafas, se alimentan de las escasas acacias que crecen en la pradera.

La sabana tiene una estación húmeda y otra seca. Durante la estación húmeda de una zona los herbívoros se reúnen para alimentarse de las hierbas nuevas. Cuando deja de llover y las hierbas comienzan a secarse, la mayoría de los herbívoros viajan a zonas más húmedas en busca de alimento fresco.

Los avestruces son omnívoros que comen mucha hierba y otras cosas que encuentren cerca, como frutas, semillas, insectos y animales pequeños.

Muchas opciones

Muchos herbívoros se alimentan en las praderas; por esto es fácil que los carnívoros encuentren comida en ellas. Los depredadores de la sabana comprenden guepardos, hienas, leopardos y leones. Los carroñeros también encuentran mucha comida. El marabú africano, los buitres, los chacales y a veces las hienas limpian después de que los carnívoros comen.

Los carroñeros, como los buitres, buscan carnívoros que estén cazando. Cuando un animal muere, los buitres también obtienen alimento.

Las cebras de la sabana son consumidores primarios. Comen principalmente hierbas y a veces brotes y hojas de los arbustos.

Los leones y otros carnívoros, como los guepardos y los leopardos, son los consumidores secundarios de la sabana.

Juego de la red alimentaria

Puedes jugar el juego de la red alimentaria con un grupo de ocho o diez amigos y así averiguar cómo están conectados todos los seres vivos a través de las redes y cadenas alimentarias. Un niño con un ovillo de hilo representa al sol. Otro niño representa a muchas clases de plantas, y otros representan a los herbívoros y a los carnívoros.

Para jugar, el sol sostiene un extremo del hilo y le pasa el ovillo al niño que representa a las plantas. Éste toma un poco de hilo y le pasa el ovillo a un herbívoro y luego a un carnívoro para formar una cadena alimentaria. Otros animales sostienen el hilo en distintos lugares para formar una red alimentaria, como ves a continuación.

plantas herbívoro carnívoro sol carnívoro carnívoro herbívoro descomponedor

Si un carnívoro o herbívoro se extingue, un niño sale del juego y el hilo se afloja para mostrar que la red alimentaria se ha alterado.

Palabras para saber

cadena alimentaria Modelo de comer y servir de alimento; por ejemplo, una planta le sirve de alimento a un conejo, el cual luego le sirve de alimento a un zorro

carroñero Animal que se come la carne de animales muertos

clorofila Sustancia verde que se usa durante la fotosíntesis y se encuentra en las hojas de las plantas

consumidor Ser vivo que debe comer para obtener energía del alimento

consumir Comer

depredador mayor Depredador que se encuentra en el nivel más alto de una cadena alimentaria

descomponedor Ser vivo que descompone plantas y animales muertos para obtener energía del alimento

dióxido de carbono Gas incoloro e inodoro que forma parte del aire

ecosistema Determinada zona que incluye todas las plantas, animales y cosas no vivas de la naturaleza, como la arena, las rocas y el suelo

energía Capacidad que se necesita para hacer cosas

fitoplancton Plantas diminutas que viven en el agua

fotosíntesis Proceso que las plantas usan para atrapar energía solar y almacenarla en forma de alimento

microscopio Instrumento a través del cual los científicos pueden ver cosas diminutas como si fueran más grandes

migrar Viajar de un lugar a otro para encontrar climas más cálidos o alimento y agua

nutriente Sustancia que los seres vivos obtienen del alimento y necesitan para crecer y estar sanos

omnívoro Animal que come tanto plantas como animales

oxígeno Gas incoloro e inodoro que forma parte del aire y que los seres humanos, los animales y las plantas deben respirar para sobrevivir

primario Palabra que describe a algo que está en primer lugar

productor Planta verde que es la primera en fabricar alimentos en una cadena alimentaria

red alimentaria Dos o más cadenas alimentarias que se conectan cuando un miembro de una cadena se come a un miembro de otra

red alimentaria de detrito Red alimentaria formada por descomponedores y otros animales que se alimentan de plantas y animales muertos

sabana Pradera amplia y llana que se encuentra en zonas tropicales

secundario Palabra que describe a algo que está en segundo lugar

terciario Palabra que describe a algo que está en tercer lugar

zooplancton Animales diminutos que viven en el agua y se alimentan de fitoplancton

Índice

1 2 3 4 5 6 7 8 9 0   Impreso en Canadá   4 3 2 1 0 9 8 7 6 5